MW00470487

wellspring

Pídele

JANE TRUFANT HARVEY

Palabras Simples Para
Impulsar Tu Conversación
Con Dios

WELLSPRING
North Palm Beach, Florida

wellspring

Copyright © 2021
Publicado por WELLSPRING

Todos los derechos reservados.
Ninguna parte de este libro puede ser utilizada o reproducida de
ninguna manera sin permiso, excepto en el caso de breves citas
en artículos críticos o reseñas.

Las citas de este libro se han extraído de decenas de fuentes.
Se supone que son exactas tal y como se citan en sus formas
previamente publicadas. Aunque se ha hecho todo lo posible por
verificar las citas y las fuentes, la editorial no puede garantizar su
perfecta exactitud.

Diseño de Ashley Dias

ISBN: 978-1-63582-243-4 (hardcover)
ISBN: 978-1-63582-244-1 (e-Book)

10   9   8   7   6   5   4   3   2   1

Impreso en los Estados Unidos de América

Cuando las palabras te fallan

ESTOY MUY EMOCIONADO POR TI. El libro que tienes en tus manos cambiará tu vida. Si tú lo permites. ¿Cómo puedo estar tan seguro? Porque cambió mi vida, y se lo he recomendado a muchas otras personas que también han transformado sus vidas gracias a él.

Pero primero, permíteme proporcionar un contexto y una historia de fondo.

Mi padre murió de cáncer cuando yo tenía treinta años, y dieciocho meses después, mi hermano mayor Mark murió en un accidente automovilístico. Cuando mi padre murió, yo estaba triste, pero él había vivido una vida increíble. Cuando mi hermano falleció, sentí que lo habían arrancado de una vida a medias. Sus hijas eran demasiado pequeñas para perder a su padre, sus hermanos eran demasiado pequeños para perder a su hermano mayor. Y el efecto combinado de perderlos a ambos en tan poco tiempo me hizo perder el equilibrio. La tristeza hizo mella en mí y algunos días parecía hacerse más y más profunda.

Durante mi examen físico anual, mi médico me preguntó cómo estaba y le dije que no muy bien. Me sugirió que viera a un terapeuta. Al igual que millones de personas, yo tenía prejuicios contra la terapia. Australia no es exactamente un refugio de acogida terapéutica. La idea que tiene la mayoría de los australianos acerca de la terapia es: «Busca un compañero para tomar cerveza y todo estará bien». No obstante, superé mis prejuicios y fui a ver al terapeuta que me había sugerido mi médico.

Eso fue bueno para mí. Era saludable simplemente hablar sobre algunas cosas con alguien que no tenía una agenda para mi vida. Una de las cosas más profundas y prácticas que me dijo el terapeuta fue: «Cuando te fallen las palabras, déjalas». Soy un forjador de palabras por oficio, por lo que no parece correcto dejar que las palabras me fallen. He pasado gran parte de mi vida buscando las palabras adecuadas. No encontrar las palabras adecuadas no me cayó bien, así que esta fue una lección particularmente difícil para mí. Pero con el tiempo, mientras me observaba a mí mismo y a los demás, me di cuenta de lo profundo que era su consejo.

A lo largo de los años, me he dado cuenta de que no hay palabras para algunas situaciones. No importaría si fueras Shakespeare o Wordsworth, Shelley o Byron, simplemente no hay palabras para consolar a una madre que ha perdido a su hijo. Esta es solo una de las muchas situaciones que nos dejan sin palabras por una razón. Nos dejan sin palabras porque estos momentos no son el momento ni el lugar adecuado para las palabras. En estos momentos lo único que podemos hacer es estar juntos o darle espacio al dolor. Todo lo que podemos hacer es honrar los deseos de quien está sufriendo y estar con ellos o no (según su necesidad y preferencia).

La otra situación en la que las palabras me fallan más a menudo de lo que me gustaría es en la oración. He aprendido muchas lecciones en este sentido. A veces, cuando las palabras nos fallan en la oración es porque Dios simplemente quiere que estemos quietos, callados y con Él. En otras ocasiones, cuando las palabras nos fallan en la oración, puede ser porque estamos ansiosos, ocupados y distraídos con las cosas de este mundo. En esos momentos, puede ser útil utilizar las palabras de otra persona. He oído hablar de escritores que experimentan el bloqueo del escritor y que usan las líneas iniciales o algunos párrafos de la obra de otro autor para comenzar sus obras. Las oraciones de otras personas también pueden ser muy poderosas para iniciar nuestra propia conversación con Dios.

Durante años, cuando las palabras me fallaron en la oración, recurrí al Salmo 23. Nunca me defraudó. Puedo rezarlo una y otra vez, nunca envejece, nunca pierde su significado, me hace llorar con frecuencia y siempre restaura mi fe, esperanza, valor y amor.

Salmo 23

El SEÑOR es mi pastor,
nada me faltará.
En lugares de verdes pastos me hace descansar;
junto a aguas de reposo me conduce.
Él restaura mi alma;
me guía por senderos de justicia
por amor de su nombre.
Aunque pase por el valle de sombra de muerte,
no temeré mal alguno, porque tú estás conmigo;
tu vara y tu cayado me infunden aliento.
Tú preparas mesa delante de mí en presencia de mis enemigos;
has ungido mi cabeza con aceite;
mi copa está rebosando.
Ciertamente el bien y la misericordia me seguirán todos los días de mi
vida,
y en la casa del SEÑOR moraré por largos días.

Durante uno de los momentos más difíciles de mi vida, descubrí a Jane Trufant Harvey y a este libro, *Pídele*. Nunca ha estado lejos de mí desde entonces.

Una de las cosas más difíciles de esta vida es aprender a hablar con Dios como amigo. Hay genialidad en estas páginas, porque con cada una, Jane nos impulsa a tener una conversación con Dios.

¿Quién está guiando tu vida? ¿Cómo te está funcionando? ¿Es

tiempo de hacer un cambio? ¿Estás listo para permitir que Dios te guíe en todas las cosas? ¡Pídele!

Deja que Dios te sorprenda, te asombre, te muestre lo que significa ser delirantemente feliz, te enseñe a bailar de alegría. No estoy seguro de que hayamos vivido realmente hasta que hagamos esto. Vivir esta vida y no explorar profundamente la vida espiritual sería una tragedia.

¡ Pídele!

- MATTHEW KELLY

I.

Pídele...

que te rodee con Su
protección y paz.

2.

Pídele...

que te recuerde cuando te sientas indigno,
pues eres perfecto a Sus ojos.

3.

Pídele...

que bendiga tus ojos para que veas la
bondad en las personas, especialmente
cuando es tan fácil encontrar defectos.

4.

Pídele...

que te perdone cuando tu humanidad
sea superior a tu fe.

5.

Pídele...

que permita que el Espíritu Santo inspire
un sentido de paz, alegría y esperanza que
se refleje en todo lo que hagas.

6.

Pídele...

que te ayude a recordar que sentirte
querido es algo que no solo mereces, sino
que Él desea para ti.

7.

Pídele...

que traiga restauración a tus relaciones
rotas, de acuerdo con Su voluntad.

8.

Pídele...

recordarte que la oración te sostendrá en
los momentos más difíciles de tu vida.

9.

Pídele...

recordarte constantemente que la vida
no consiste en lo que tienes.

10.

Pídele...

que te recuerde constantemente que la vida tiene que ver con lo que eres y con tu compromiso de hacer del mundo un lugar mejor porque tú estás aquí.

II.

Pídele...

que te dé la libertad del miedo, la libertad
para confiar, la libertad para soportar y la
libertad para perdonar.

12.

Pídele...

para tener paciencia cuando
quieras respuestas.

13.

Pídele...

que te bendiga abundantemente con
la riqueza de personas buenas y piadosas
que te desafiarán a ser la persona que
Él creó para ti.

14.

Pídele...

que te ayude a recordar que lo más importante en la vida es amar y ser amado.

15.

Pídele...

que te enseñe a ser feliz
cuando otro gane.

16.

Pídele...

que te ayude a discernir la diferencia
entre una necesidad y un deseo.

17.

Pídele...

que te dé el valor de revelar con
valentía que tienes debilidades y miedos;
y cuando te caigas o cometas errores,
que te dé la fuerza para asumir la
responsabilidad por ellos.

18.

Pídele...

que te recuerde que debes rezar por
tu país, por otros países y por las
personas oprimidas en ellos.

19.

Pídele...

que te ayude a recordar que no
debes estar ansioso por nada, que Dios
promete que protegerá tu corazón
y tu mente con paz.

20.

Pídele...

que te recuerde que los actos de
bondad al azar son contagiosos.

21.

Pídele...

que te ayude reír más,
y con mayor frecuencia.

22.

Pídele...

para que Su presencia sea
impresionante cuando le digas palabras
de aliento a un espíritu herido.

23.

Pídele...

que te ayude a saber realmente en tu alma que eres digno, capaz, inteligente, hermoso y suficientemente bueno solo porque lo eres... porque las promesas de Dios estarán tan infundidas en tu alma que estas cosas se convierten en verdad para ti, y no solo lo que deseas que sea la verdad.

24.

Pídele...

que controle tu lengua cuando respondas
a alguien que te ha herido.

25.

Pídele...

que te ayude recordar que la excelencia
no es la perfección.

26.

Pídele...

que te lleve a un lugar de quietud y soledad para que puedas escuchar Su voz, incluso si Él está susurrando.

27.

Pídele...

que permita que tu boca pronuncie
palabras de amable bondad, palabras
que muestren respeto, y palabras que
inspiren compasión.

28.

Pídele...

para que seas consciente de que cuando
sientas que te falta algo... suele ser Él.

29.

Pídele...

que te recuerde que tienes la capacidad
de cambiar vidas... con una sonrisa.

30.

Pídele...

que te ayude creer que has sido elegido,
escogido por Dios, para hacer Su
voluntad; que con Él, puedes lograr
cosas milagrosas.

31.

Pídele...

que te ayude tener un espíritu generoso con todos, no solo con los que no son tan afortunados como tú. A veces las personas «afortunadas» también están necesitadas.

32.

Pídele...

que te recuerde que la esperanza es
ese pequeño rayo de luz en medio de la
aterradora oscuridad.

33.

Pídele...

que renueve tu corazón para que
cuando la gente te vea, sepan que
Dios habita en ti.

34.

Pídele...

que te ayude ser rápido para pedir
perdón, y para darte cuenta de que la
verdadera paz requiere a menudo la
gracia de perdonarte a ti mismo.

35.

Pídele...

que te infunda perseverancia cuando
estés cansado.

36.

Pídele...

que te dé fuerza para confiar en Él, incluso
en los momentos trágicos y de prueba.

37.

Pídele...

que te dé fuerzas para sorprender a tus amigos e hijos con amabilidad y palabras de consuelo cuando cometan errores, en lugar de decepcionarte o de sentir rabia.

38.

Pídele...

para seguir descubriendo la
sorprendente gracia que surge cuando
tienes un corazón humilde.

39.

Pídele...

que te recuerde que debes elegir
la verdad.

40.

Pídele...

que te muestre cómo amar a la gente de
una manera que esté inequívocamente
segura de ser pura y auténtica.

41.

Pídele...

que te recuerde que solo estás
limitado cuando te falta la fe.

42.

Pídele...

que te ayude resistir la tentación de
escuchar en silencio mientras el nombre
de alguien es manchado injustamente.

43.

Pídele...

que abra tu corazón y te permita
descubrir, desarrollar y utilizar los dones
espirituales específicos que Él ha elegido
para ti de forma desinteresada y
para Su gloria.

44.

Pídele...

que te ayude descansar en
Su suficiencia.

45.

Pídele...

que te dé un espíritu de entrega completa para que Él pueda hacer Su voluntad: Su plan a través de ti.

46.

Pídele...

para tener claridad cuando sientas una
confusión abrumadora.

47.

Pídele...

que te enseñe a aceptar las decepciones
con gracia y carácter.

48.

Pídele...

que te dé el coraje de hablar cuando
veas injusticias.

49.

Pídele...

que te recuerde cuando empieces a
pensar que tus errores son más grandes
que los de los demás, Él te susurrará:
«¿Olvidaste... que quien comete
má errores gana?»
...y que te rías con alivio.

50.

Pídele...

que te dé sed de Su Palabra,
de modo que infunda tu vida con su
sabiduría, valor y esperanza.

51.

Pídele...

que te ayude a ser más tolerante.

52.

Pídele...

que te dé la sabiduría, pero sobre todo la
fortaleza para recorrer Su camino.

53.

Pídele...

que te ayude comprender la magnitudde
las palabras: mientras mayor sea el pecado,
mayor es el derecho del pecador a Su
misericordia sanadora.

54.

Pídele...

que te inculque un fuerte sentido de la comunidad, y te recuerde que Él creó a otras personas para que no tuvieras que encargarte de las cosas solo.

55.

Pídele...

que te asegure que cuando seas más débil,
Él sea más fuerte.

56.

Pídele...

que te recuerde que el miedo no viene de Él, así que no permitas que tu vida sea controlada por el miedo.

57.

Pídele...

que te recuerde que ser obediente
cuando te falta comprensión es dar
un salto en la fe que nunca pasará
desapercibido.

58.

Pídele...

para que nunca lo olvides:
la vida no consiste en competir, sino en
esforzarse por alcanzar otro nivel de logro
para ser una persona mejor.

59.

Pídele...

que te dé el valor de salir de ti mismo,
y acercarte a Él.

60.

Pídele...

que te ayude reconocer la necesidad
de Él cada uno de tus días, y no solo
cuando tengas problemas.

61.

Pídele...

que te disuada de centrarte en los
momentos en que fracasas: y que te
centres en la abundante esperanza a la
que Él te ha llamado.

62.

Pídele...

que te ayude aceptar voluntariamente
que la muerte no significa el final para
ti o para alguien a quien amas;
es solo una separación temporal que
estás llamado a soportar hasta que
se reúnan en la eternidad.

63.

Pídele...

para que seas consciente de que
cuando estás extremadamente enojado,
suele significar que primero te han
hecho muchísimo daño.

64.

Pídele...

que te ayude entender que la vida no
puede ser siempre feliz y divertida…
a veces se aprende más cuando tu vida es
temporalmente un desastre total.

65.

Pídele...

que te ayude apreciar la realidad de que
amor es una palabra de acción.

66.

Pídele...

que te ayude a ver que hacer lo
mínimo para salir adelante socava lo que
realmente eres capaz de hacer.

67.

Pídele...

romper las cadenas de las ataduras
emocionales que te han impedido
experimentar la verdadera paz que
Él desea para ti.

68.

Pídele...

que te recuerde que, aunque habrá
ocasiones en las que tus mejores
esfuerzos no sean reconocidos por
quienes te rodean, Él nunca pasa
nada por alto.

69.

Pídele...

que te recuerde gentilmente que a veces
Sus tiempos no coincidirán con tu horario.

70.

Pídele...

que te ayude regocijarte cuando te
sientas vacío, ya que Él no puede
derramar Su espíritu en algo que
ya está lleno.

71.

Pídele...

que te desarrolle espiritualmente con
amor para que Él pueda usarte como
Su ejemplo para otros.

72.

Pídele...

recordarte que a veces la gente dice
cosas que desearía, con todo su corazón,
poder retirar.

73.

Pídele...

que te bendiga con la convicción
de que ser un amigo fiel es el regalo
más extraordinario que puedes hacer
a otra persona.

74.

Pídele...

que te ayude a no juzgar la motivación
del corazón de otra persona.

75.

Pídele...

que te sostenga mientras estás afuera,
para que puedas volver con honor.

76.

Pídele...

que te disuada de negar el afecto a las personas que amas, como una expresión de desaprobación.

77.

Pídele...

que te recuerde que ser crítico con
alguien insinúa —no solo para él, sino
para los demás—, que él es inadecuado
de alguna manera.

78.

Pídele...

que te recuerde que cuando alguien te
habla y dejas de hacer lo que estás
haciendo, lo miras directamente y o
escuchas de verdad, estás afirmando
que es valioso.

79.

Pídele...

que te asegure que cuando estás diciendo:
«No puedo». Él está diciendo,
«Sí puedes... ¿necesitas ayuda?».

80.

Pídele...

que te ayude a dejar ir cualquier amargura
que te esté envenenando.

81.

Pídele...

que te ayude a recordar que la
búsqueda de la perfección suele
desembocar en la intolerancia.

82.

Pídele...

que te dé la libertad de decir fácilmente «NO», ¡porque has descubierto un «SÍ» más profundo!

83.

Pídele...

que te dé la gracia de hacer lo que es correcto, incluso cuando estés solo.

84.

Pídele...

que inspire un cambio en ti cada vez
que tengas pensamientos de cambiar
a otra persona.

85.

Pídele...

que te asegure que cuando no te sientas digno de ser amado, Él siempre te amará.

86.

Pídele...

que te ayude a mantenerte fuerte en
la batalla entre tu espíritu divino,
que te anima a elegir la excelencia, y tu
humanidad, que encuentra satisfacción
en la mediocridad.

87.

Pídele...

que te ayude a recordar que con cada
decisión que tomas y cada acción que
realizas, estás siendo un ejemplo para otra
persona, ya sea buena o mala.

88.

Pídele...

que te dé compasión, fuerza y valor para
seguir amando a alguien en su adicción.

89.

Pídele...

que te muestre cómo buscar la lección
cuando algo va mal, en lugar de buscar a
alguien a quien culpar.

90.

Pídele...

que te recuerde que Él no te pide que tengas éxito... Solo te pide que seas fiel.

91.

Pídele...

que te vea elevarte al descubrir que Él te
diseñó para la GRANDEZA.

92.

Pídele...

que te tranquilice mientras aprendes
a confiarle tu vida, y que hay consuelo
incluso en la incomodidad.

93.

Pídele...

que te ayude a recordar que la misericordia que Él te muestra hoy significa que puedes dejar de estar estresado por el ayer.

94.

Pídele...

que manifieste Su fuerza en ti, cuando te invadan sentimientos de impotencia.

95.

Pídele...

que te asegure que Él ya te ha equipado con todo lo que necesitas antes de llamarte a dar un paso adelante por Él.

96.

Pídele...

que te dé la fuerza necesaria para dar
lo mejor de ti cuando otra persona está
en su peor momento.

97.

Pídele...

que te ayude a recordar que Él quiere
que aprendas de tu pasado, y no que
te regodees en él.

98.

Pídele...

que te ayude a hacer en oración una lista
de aquello que es MÁS importante en la
vida, y la sabiduría para consultarla cuando
pierdas la perspectiva.

99.

Pídele...

que te dé la voluntad de comprometerte
cuando te encuentres en un punto
muerto con alguien a quien amas.

100.

Pídele...

que te recuerde que a través de Su gracia, FINALMENTE puedes perdonar a esa persona a la que nunca has podido perdonar del todo.

101.

Pídele...

para tener paciencia cuando tu día empieza mal y termina peor... y para recordarte que Él llama cariñosamente a esto «Curso básico de construcción del carácter».

102.

Pídele...

que no te dejes engañar por el tipo
de alegría que es temporal, superficial
y engañosa. La auténtica alegría es
estar bien con Dios.

103.

Pídele...

que te dé la gracia de creer, cuando te
encuentres luchando con la incredulidad.

104.

Pídele...

que te des cuenta con humildad, cuando te sientas completamente autosuficiente, de que te has levantado esta mañana porque ÉL lo ha querido.

105.

Pídele...

que te ayude a recordar que para
encontrarte con el Espíritu Santo primero
debes rendirte al Espíritu Santo.

106.

Pídele...

que te dé un sentido de la justicia sin
concesiones ante los conflictos.

107.

Pídele...

que te sostenga cuando tus problemas te tengan abatido y desanimado, y que te ayude a recordar que son solo temporales, y no permanentes.

108.

Pídele...

que te recuerde que, como ser humano, a menudo ves tu vida desde una perspectiva humana, con limitaciones humanas, cuando en realidad, tienes un Dios con un poder ilimitado dispuesto a transformar tu vida en algo más de lo que podrías soñar o imaginar.

109.

Pídele...

que te ayude resistirte a ser tan
orgulloso que pierdas la oportunidad
de ser vulnerable con alguien con quien
puedas compartir tus luchas más internas.

110.

Pídele...

que te quite el deseo de querer más
que la voluntad de Dios.

III.

Pídele...

cuando sientas que nunca puedes hacer
o ser suficiente, que seas perfecta y
completamente suficiente para Él.

112.

Pídele...

que te inculque con la paz inquebrantable
que proviene de una fe inquebrantable.

113.

Pídele...

que te anime a ofrecer todo el dolor
y el sufrimiento que estás llamado a
soportar por la sanación y las
intenciones de los demás.

114.

Pídele...

que te devuelva el optimismo cuando
te sientas desanimado.

115.

Pídele...

que se lleve tranquilamente cualquier
arrogancia y prepotencia de la que
inconscientemente haces gala ante
los demás.

116.

Pídele...

que te recuerde el impresionante privilegio que supone ser la única cosa que Él ha creado y que puede dirigirse a Él en oración.

117.

Pídele...

que te ayude a ver que aunque tus
elecciones son las que te han llevado
adonde estás hoy, tus elecciones también
pueden traerte un mañana diferente.

118.

Pídele...

que haya más momentos de enseñanza.

119.

Pídele...

obstáculos, y no callejones sin salida.

120.

Pídele...

que te ayude a ver la crítica constructiva
como una herramienta valiosa para
desarrollar la humildad y la virtud.

121.

Pídele...

que te recuerde que muchas veces,
cuando estás ocupado rebelándote, Él
está tratando desesperadamente de
protegerte de ti mismo.

122.

Pídele...

que no te deje ahogar en las dudas
que tengas sobre ti.

123.

Pídele...

que te dé la fuerza para seguirlo
cuando la multitud popular va en
dirección contraria.

124.

Pídele...

que vaya siempre delante de ti,
en todo lo que hagas.

125.

Pídele...

que no te deje caer en la rutina de dar por sentado el regalo de cada nuevo día; que seas consciente de que cada día es un regalo personal de Él.

126.

Pídele...

que te recuerde que tu regalo para Él
es la forma en que eliges utilizar cada día
que Él te ha confiado.

127.

Pídele...

que te ayude a aprovechar cada
oportunidad para alcanzar a los
solitarios y desanimados.

128.

Pídele...

que en medio de las dificultades
que te vea buscando Su gracia,
sin cuestionar tu fe.

129.

Pídele...

que te ayude a llegar al final de ti
para que puedas empezar a vivir
enteramente a través de Él.

130.

Pídele...

que te recuerde que ÉL NUNCA
se dará por vencido contigo, incluso
cuando a ti te resulte tan fácil darte
por vencido.

131.

Pídele...

que te ayude a vivir cada día con
pasión y propósito.

132.

Pídele...

que te ayude a entender que
la riqueza está en las relaciones y no
en las posesiones.

133.

Pídele...

si hoy es tu último día en la tierra;
que tus pensamientos, palabras y acciones
sean agradables para Él.

134.

Pídele...

que te recuerde que no siempre sontus
palabras —sino el tono de las mismas—,
las que pueden herir el alma.

135.

Pídele...

que te ayude a reconocer que a veces
estás demasiado cerca de una situación
para pensar racionalmente.

136.

Pídele...

que te recuerde que Él siente un enorme
placer al derramar Su gracia sobre los
corazones humildes.

137.

Pídele...

que bendiga abundantemente a las personas que han sido un estímulo para ti.

138.

Pídele...

que Su misericordia te inunde cuando le
hayas decepcionado a Él... y a ti mismo.

139.

Pídele...

cuando te encuentres escondiéndote
detrás del miedo a ser juzgado y del
deseo de aceptación por parte de los
demás, que te dé Su valor sobrenatural
para ver la belleza y el esplendor de
tu auténtico ser.

140.

Pídele...

que te muestre lo que se necesita para
prosperar, no solo para sobrevivir.

141.

Pídele...

que te ayude a recordar lo
increíblemente importante que es hacer
lo que dices que vas a hacer.

142.

Pídele...

cuando te sientas derrotado, que te dé la inspiración para surgir con un renovado sentido de propósito.

143.

Pídele...

que te quite la resistencia al cambio...
y la sustituya por la emoción de la
posibilidad.

144.

Pídele...

que te transforme en un intrépido
buscador de la verdad, la libertad
y la justicia.

145.

Pídele...

que te ayude a encontrar alivio en Sus
brazos de misericordia.

146.

Pídele...

que te ayude a dejar ir a cualquier
«amigo» que no te apoye, y que te ayude
a ser lo mejor que puedas ser.

147.

Pídele...

que te recuerde que nunca es
demasiado tarde para cambiar una
decisión que redundará en un bien mayor.

148.

Pídele...

que sea tu mayor defensor y
animador cuando actúes genuinamente
con las intenciones más honorables; pero
aun así te las arreglas para crear un
desastre monumental.

149.

Pídele...

que te recuerde que para conocer realmente los impulsos de Dios, debes estar dispuesto a pasar algún tiempo en el aula del silencio.

150.

Pídele...

si Él sería tan amable de darte solo
una pequeña pista de Su objetivo final
cuando sientas que Él te está probando
más allá de tus límites.

151.

Pídele...

si estás aceptando la responsabilidad
adecuada de tu parte en una discusión.

152.

Pídele...

que te levante en tu quebrantamiento y
te lleve suavemente a la seguridad de su
amor incondicional y redentor.

153.

Pídele...

que por favor toque un poco más fuerte
la puerta de tu corazón si por alguna
razón no oíste Su llamado antes.

154.

Pídele...

que te dé valor y seguridad
cuando defiendas y digas la verdad a
un mundo que no necesariamente
quiere escuchar la verdad.

155.

Pídele...

un suministro adicional de autocontrol
cuando te enfrentes a cosas que
realmente QUIERES...
pero que realmente no necesitas.

156.

Pídele...

que te recuerde que más no
es necesariamente mejor.

157.

Pídele...

que te recuerde que si estás perdido,
el camino de la cruz te lleva a casa.

158.

Pídele...

que te impida entrometerte en los
problemas que Él está manejando
hoy para ti.

159.

Pídele...

que te recuerde que, en contra de
la creencia popular, ¡no tienes que tener
todas las respuestas!

160.

Pídele...

que te recuerde que no estás llamado,
ni obligado, a impresionar a tus
semejantes.

161.

Pídele...

que te persuada a alejarte de
tus circunstancias y a buscar de Él para
que te guíe.

162.

Pídele...

que te anime a soñar en grande.

163.

Pídele...

que de alguna forma, de alguna manera,
y en algún lugar, se revele a ti cada día.

164.

Pídele...

que te ayude a empezar el día de hoy con
una buena actitud y con más gratitud.

165.

Pídele...

que te recuerde que Él solo escuchará tu corazón cuando te resulte difícil rezar.

166.

Pídele...

que te recuerde que Él saldrá a tu
encuentro en lo bueno, lo malo y lo feo
de exactamente donde te encuentres hoy.

167.

Pídele...

que te recuerde que no hay accidentes,
ni condiciones, ni contratiempos que sean
más grandes que Dios.

168.

Pídele...

que te ayude a aceptar que no puedes
tener un ayer diferente, pero que SÍ
PUEDES influir en un hoy diferente.

169.

Pídele...

que te recuerde que el fracaso es un evento, no una persona.

170.

Pídele...

que derrame Su protección y abundantes
bendiciones sobre los hombres y mujeres
que luchan por tu libertad.

171.

Pídele...

que te recuerde que si quieres que
te respeten, compórtate de una manera
digna de respeto.

172.

Pídele...

que te dé la gracia de identificar
las cosas que contribuyen a un espíritu
de egocentrismo... y la humildad para
acoger el cambio.

173.

Pídele...

que te recuerde que la mejor
manera de encontrarte a ti mismo es
dándote a ti mismo.

174.

Pídele...

que te recuerde que cuando rezas
con limitaciones, le estás negando la
posibilidad de hacer cosas milagrosas.

175.

Pídele...

que te dé la capacidad de adaptarte
a las circunstancias inesperadas, en lugar
de angustiarte y sentirte ansioso.

176.

Pídele...

si idolatrar significa amar excesivamente
a algo o a alguien más que a Él.
¿Quién o qué te distrae en tu vida?

177.

Pídele...

que te recuerde que la fuerza
de la paciencia se adquiere
frecuentemente a través de la
resistencia de las pruebas.

178.

Pídele...

que te recuerde que las personas con recursos ¡siempre tienen un plan «B»!

179.

Pídele...

que te recuerde que la idolatría es adorar las cosas creadas en lugar del Creador.

180.

Pídele...

que te recuerde que hacer un acto de bondad en el espíritu de Cristo purifica el motivo.

181.

Pídele...

que te ayude a recordar que para algunos, Él es uno más, pero para nosotros, Él es el único.

182.

Pídele...

que te recuerde la sensación de paz y consuelo que supone saber que estás en manos de Cristo.

183.

Pídele...

si a Él le importaría que te reservaras un tiempo durante el día para simplemente regodearte en la majestuosidad de ser un hijo del Rey.

184.

Pídele...

que deposite Su gracia entre tú
y tu vergüenza.

185.

Pídele...

que te libere de lo que te mantiene
separado de Él.

186.

Pídele...

cuando estés perdido y necesitado,
que solo a Él buscas.

187.

Pídele...

que te diga de nuevo que a través de Él,
eres digno, apreciado y magnífico.

188.

Pídele...

que te recuerde que Él comenzó una
buena obra en ti, y que la completará.

189.

Pídele...

que sea el tesoro que buscas.

190.

Pídele...

que no permita que nada de lo que te preocupa eclipse el amor que Él tiene por ti.

191.

Pídele...

que te ayude a respirar la fragancia
de Su paz y a exhalar la ansiedad que te
mantiene estresado.

192.

Pídele...

que te ayude a recordar que debes
decirles a tus hijos que son una bendición,
que tienen un propósito y que aportan
valor a esta vida.

193.

Pídele...

que te recuerde que no importa lo que la vida te depare, juntos, Él te ayudará a superarlo.

194.

Pídele...

que te ayude a recordar que cuando tus
hijos ven que haces daño cuando discutes,
ellos se sienten angustiados e impotentes.

195.

Pídele...

que venga en medio del sufrimiento de
tu cuerpo y te restaure.

196.

Pídele...

que sea fuerte dentro de ti cuando el
enemigo quiera mantenerte abatido
y desamparado.

197.

Pídele...

que te mantenga vigilante en la oración
cuando nuestra nación esté en crisis.

198.

Pídele...

que te ayude a ver un futuro lleno de
promesas y potencial.

199.

Pídele...

que te envíe un corazón tierno para
consolarte en el dolor de la soledad.

200.

Pídele...

que te dé la sabiduría para saber cómo
alimentar el espíritu de tu cónyuge
cuando se desinfle.

201.

Pídele...

que te recuerde que Él quiere que tu
futuro sea más grande que tu pasado.

202.

Pídele...

que te ayude a convertir en una prioridad
el pasar el tiempo sin preocupaciones con
las personas que amas.

203.

Pídele...

que te recuerde que mantener la alegría
se obtiene sosteniendo a los demás.

204.

Pídele...

que te enseñe que la autodisciplina es un
puente hacia la libertad.

205.

Pídele...

que desarrolle en ti un espíritu de
generosidad y buena voluntad cuando te
encuentres con personas que tengan una
opinión diferente a la tuya.

206.

Pídele...

que te enseñe a confrontar
con compasión.

207.

Pídele...

que te recuerde lo importante que es
decir a las personas cómo han impactado
en tu vida antes de que mueran... en lugar
de hacerlo en su panegírico.

208.

Pídele...

que te ayude a recordar que la
diferencia entre el placer y la felicidad es
que el placer no puede mantenerse más
allá de la experiencia que creó el placer.

209.

Pídele...

que te dé la capacidad de identificar tus debilidades y transformarlas en fortalezas.

210.

Pídele...

que te recuerde que es un error
común pensar que encontrarás la felicidad
sin sacrificio.

211.

Pídele...

que te recuerde que hay algo
extremadamente poderoso cuando las
personas se unen en la búsqueda mutua
de los sueños.

212.

Pídele...

que te recuerde que los grandes líderes
surgen argumentando A FAVOR de algo y
no en contra de algo.

213.

Pídele...

que te recuerde que el amor no se basa
en la comprensión sino en la aceptación.

214.

Pídele...

que te recuerde que debes consultar
con Él cuando estés trabajando en un
proyecto. Él tiene una manera
sobrenatural de pensar creativamente.

215.

Pídele...

que te recuerde que la hierba ES más
verde en Su lado.

216.

Pídele...

que te ayude a reconocer que, una y otra vez, la verdad se revela en la adversidad.

217.

Pídele...

que te ayude a tener sed de tiempo a solas en Su presencia.

218.

Pídele...

que te ayude a conocer el sonido
tranquilizador de los latidos de Su
corazón... porque te has acercado lo
suficiente para escucharlo.

219.

Pídele...

que te recuerde que Él te habla a
través de otras personas; no permitas que
su apariencia externa te impida
escuchar Su mensaje.

220.

Pídele...

cuando te sientas rechazado que te recuerde que Él te eligió antes de la fundación del mundo.

221.

Pídele...

que te encuentre si estás perdido.

222.

Pídele...

que te recuerde que tus hijos necesitan verte participar en los desafíos de la vida y no acobardarte ante ellos.

223.

Pídele...

que te dé la gracia de confiar en Él y en
Su tiempo cuando te sientas ansioso por
el bienestar espiritual de tus hijos.

224.

Pídele...

que te dé la oportunidad de experimentar personalmente que una conciencia limpia no solo libera, sino que trae paz y armonía al corazón.

225.

Pídele...

que te recuerde que Su compromiso nunca cambia. Él no te abandonará… Él no te fallará… Él no te abandonará.

226.

Pídele...

la gracia no de solo caminar en Su espíritu,
sino de caminar obedientemente.

227.

Pídele...

Si Él puede ir a trabajar contigo hoy.

228.

Pídele...

que te ayude a dejar de proyectar lo que
PIENSAS que otra persona está pensando.

229.

Pídele...

que te dé la fuerza interior para hacer
frente al rechazo, y te niegues con
confianza a dejar que eso te lastime tu
espíritu.

230.

Pídele...

que te dé un corazón tierno para amar
a las personas que son extremadamente
difíciles de amar.

231.

Pídele...

que intervenga cuando estés a punto de
lastimar a las personas que más quieres.

232.

Pídele...

que te recuerde que no somos perfectos...
solo perfectamente perdonados.

233.

Pídele...

que te recuerde que Sus brazos nunca
se cansan de ayudarte a levantarte
cuando te caes.

234.

Pídele...

que te recuerde que Él quiere que seas uno de los santos cuando entren en al cielo.

235.

Pídele...

que te recuerde, cuando veas un atardecer magnífico, que Él lo hizo eso para ti.

236.

Pídele...

que te ayude a lograr el objetivo de hacer
cada vez más corto el tiempo en que caes
de Su gracia, y que el tiempo en que pides
misericordia sea cada vez más corto.

237.

Pídele...

que te recuerde que cuando estás lejos,
Él está cerca; y que cuando estás cerca, Él
está contento.

238.

Pídele...

que te ayude a soltarte cuando Él te esté halando en una dirección diferente a la que tú crees que es mejor.

239.

Pídele...

si está de acuerdo con Su plan perfecto
para ti, que Él revele cualquier
enfermedad en tu cuerpo para que
tu salud sea completamente restaurada
para Su gloria.

240.

Pídele...

que te ayude a orar por las personas, en lugar de juzgarlas, si su comportamiento es atroz.

241.

Pídele...

que te ayude a dejar el diálogo interno
negativo y destructivo que te impide
realizar tus sueños.

242.

Pídele...

que te desafíe a vivir tu vida...
como si estuvieras muriendo.

243.

Pídele...

que te ayude a tener éxito en
descubrir las diferentes maneras en que
cada uno de los miembros de tu familia
necesita ser amado.

244.

Pídele...

que te ayude a aceptar un cumplido
con gracia y agradecimiento.

245.

Pídele...

que te ayude a no dejarte consumir por el materialismo de la locura navideña.

246.

Pídele...

que te recuerde que la falta de perdón es
como tomar veneno y pensar que la otra
persona morirá.

247.

Pídele...

que te recuerde que la influencia
que TÚ tienes en otras personas es
sustancialmente más de lo
que puedes imaginar.

248.

Pídele...

que te ayude a recordar que debes usar
las cosas y amar a las personas, no amar
las cosas y usar a las personas.

249.

Pídele...

que te recuerde que debes rezar
por tus enemigos.

250.

Pídele...

si Él escogería hoy a alguien para ti de modo que puedas hacer un acto de bondad al azar para esa persona.

251.

Pídele...

que te ayude a querer servir en lugar de
querer ser servido.

252.

Pídele...

que distraiga tu mente cuando te encuentres queriendo manipular una situación.

253.

Pídele...

que te anime a decir palabras de vida,
palabras de respeto y palabras de perdón
a tu familia y sobre ella.

254.

Pídele...

que te recuerde que durante TODA
tu vida, Él buscará tu corazón
continuamente y sin cesar.

255.

Pídele...

que te recuerde que Él no solo da la paz,
sino que Él es la paz.

256.

Pídele...

que te ayude a reconocer si te has
acomodado tanto fingiendo que tu vida
está bien que no puedes escuchar a tu
espíritu clamar por algo más.

257.

Pídele...

que te recuerde que lo que se ve es solo
temporal, pero lo que no se ve es eterno.

258.

Pídele...

que te ayude a recordar que la auténtica
alegría que se encuentra en Cristo es
radicalmente diferente a la alegría
hipócrita que se encuentra en el mundo.

259.

Pídele...

para que Su Palabra habite ricamente
en tu interior.

260.

Pídele...

que te ayude a dominar la disciplina de
vivir simplemente un día a la vez.

261.

Pídele...

que te recuerde que un corazón lleno del Espíritu se alinea intencionalmente para cuidar el bienestar de los demás.

262.

Pídele...

que te recuerde a veces que Él no quiere usar a otra persona para Su visión y plan… Él te quiere a TI, no importa cuánto intentes convencerle de lo contrario.

263.

Pídele...

que te recuerde que al igual que una manta cálida cuando tienes frío, así es Su presencia cuando te sientes solo.

264.

Pídele...

si Él te ayudaría a mantener tus miedos autodestructivos bajo control para que no sabotees las cosas maravillosas que están llegando a tu camino.

265.

Pídele...

que te recuerde que la ignorancia de la Sagrada Escritura es la ignorancia de Él.

266.

Pídele...

que te recuerde que para conocer
realmente a alguien, debes pasar tiempo
con esa persona... Dios no es diferente.

267.

Pídele...

que te recuerde que cuando cometas
errores debes hacer lo correcto.

268.

Pídele...

que te ayude a recordar que no
debes concentrarte en el camino que
tienes por delante; simplemente, dar UN
paso hacia Jesús. Ten el valor de dar hoy
ese paso por Él.

269.

Pídele...

que te recuerde que Él quiere lo mejor para ti, y que la alegría y la felicidad son parte de lo mejor para ti.

270.

Pídele...

que te recuerde que cuando todo termine, es tu fe y no tu fortuna lo que le traerá a Él la alabanza, el honor y la gloria.

.

JANE TRUFANT HARVEY es la autora de la popular serie de libros de regalo: *Ask Him for Encouragement, Ask Him for Hope, Thank Him, Saints Alive, y Ask Him for Courage with Cancer.*

Visit AskHimBooks.com

Jane es una ávida lectora, una entusiasta jugadora de golf y una infatigable voluntaria de la comunidad. Le encanta pasar tiempo con su familia. Ella y su esposo, Bobby, han estado casados por 42 años y son los orgullosos padres de cuatro hijos, Elizabeth, Lauren, Bobby, III, y Taylor. Tienen cinco nietos preciosos: Cade Nicholas, Austin Joseph, Emily Joyce, Olivia Jane y Robert Gerard, IV. Puedes enviarle un correo electrónico a Jane por info@askhimbooks.com.

¿Puede alguien que se ha roto,
ser sanado y ser más hermoso
¿que nunca antes?

la vida es
complicada

MATTHEW KELLY
Autor superventas del *New York Times*